BEI GRIN MACHT SICH IHR WISSEN BEZAHLT

- Wir veröffentlichen Ihre Hausarbeit, Bachelor- und Masterarbeit

- Ihr eigenes eBook und Buch - weltweit in allen wichtigen Shops

- Verdienen Sie an jedem Verkauf

Jetzt bei www.GRIN.com hochladen und kostenlos publizieren

Emotionale Intelligenz, soziale Unterstützung und Angststörungen

Bibliografische Information der Deutschen Nationalbibliothek:

Die Deutsche Nationalbibliothek verzeichnet diese Publikation in der Deutschen Nationalbibliografie; detaillierte bibliografische Daten sind im Internet über http://dnb.d-nb.de abrufbar.

ISBN: 9783346330567
Dieses Buch ist auch als E-Book erhältlich.

© GRIN Publishing GmbH
Nymphenburger Straße 86
80636 München

Druck und Bindung: Books on Demand GmbH, Norderstedt Germany
Gedruckt auf säurefreiem Papier aus verantwortungsvollen Quellen

Das Buch bei GRIN: https://www.grin.com/document/977897

Einsendeaufgaben

Alternative C

Modul: Persönlichkeitspsychologie

Emotionale Intelligenz, soziale Unterstützung, Angststörungen

Inhaltsverzeichnis

I. Aufgabe 1

Unter dem Begriff „emotionale Intelligenz" wird das Erfassen und Wahrnehmen von Gefühlen verstanden. Dabei geht es sowohl um die eigenen Emotionen als auch um die Emotionen anderer Menschen. Je stärker die Fähigkeit des Erfassens der Gefühle ausgeprägt wird, desto mehr werden davon Menschenkenntnis, Toleranz und Lebensweisheit beeinflusst. Der emotionale Quotient besitzt eine hohe Anpassungsfähigkeit und nimmt im fortgeschrittenen Alter weiter zu.[1] Die emotionale Intelligenz beinhaltet im Allgemeinen menschliche Fähigkeiten wie Situationen einschätzen können, sich in der Welt zurechtfinden, Beziehungen knüpfen und aufrecht erhalten, selbstständig sein und eigene und fremde Gefühle richtig wahrnehmen, verstehen und damit arbeiten.[2]

Der Begriff „Intelligenz" beschreibt die kognitive Leistungsfähigkeit des Menschen. Der Intelligenzquotient wird als Intelligenz des Problemlösens verstanden. In ihm liegt die Fähigkeit, Herausforderungen zu lösen und sich auch in unbekannten Situationen mithilfe des Denkens zurechtzufinden. Menschen können sich im Hinblick auf ihre Intelligenz genauso, wie im Aussehen unterscheiden.[3] William Stern beschrieb die Intelligenz folgendermaßen: *„Intelligenz ist die Fähigkeit des Individuums, sein Denken bewusst auf neue Forderungen einzustellen; sie ist die allgemeine geistige Anpassungsfähigkeit an neue Aufgaben und Bedingungen des Lebens"* (Stern 1912)[4] Während es bei dem Begriff „Intelligenz" also um die kognitiven Fähigkeiten, das Denkvermögen und Problemlösung geht, geht es bei der „emotionalen Intelligenz" um den emotionalen Anteil. Das Konzept der Intelligenz wurde erstmals 1904 durch den französischen Psychologen Alfred Blinet eingeführt. Er entwickelte Aufgaben, mit denen er Urteilsfähigkeit, Verständnis und logisches Denken messen konnte. Der Begriff emotionale Intelligenz wurde erst einige Jahre später bekannt. Das Konzept der emotionalen Intelligenz wurde 1990 von Peter Salovey und John Mayer entwickelt. 1996 machte Daniel Goleman den Begriff durch sein Buch „Emotionale Intelligenz" bekannt. Bei der Intelligenz wird davon ausgegangen, dass ca. 50 - 80 % erblich bedingt sind und sich die Intelligenz durch Fördermaßnahmen nur in einem bestimmten Rahmen steigern lässt. Sie entwickelt sich in der Kindheit bis etwa zum 17. Lebensjahr und bleibt dann relativ konstant. Im Alter verschlechtern sich einige Intelligenzfunktionen.

---

[1] Vgl. Bosley, Kasten (2016), S. 40
[2] Vgl. Bosley, Kasten (2016), S. 41
[3] Vgl. Bosley, Kasten (2016), S. 37
[4] Bosley, Kasten (2016), S. 37

3

Bei der emotionalen Intelligenz wird wiederum davon ausgegangen, dass sie zum Teil erlernt wird. Die Erblichkeit ist dabei ungewiss. Im Laufe des Lebens nimmt die emotionale Intelligenz ständig zu, denn die Menschen lernen aus ihren Erfahrungen und erwerben stets neue Kompetenzen. Hier sind im Gegensatz zur Intelligenz Verbesserungen bis in das hohe Alter möglich. Unterschiede zwischen der Intelligenz und der emotionalen Intelligenz zeigen sich z.B. auch bei den Messungen mithilfe von Tests. Während es im Bereich der Intelligenz 74 deutschsprachige Testvarianten, von denen 24 Tests gültig sind gibt (Stand 2016), gibt es im Bereich der „emotionalen Intelligenz" 2 Testverfahren. Der Intelligenzquotient wird z.b. durch logisches Denken, mathematische Fähigkeiten, Merkfähigkeit, zahlengebundenes Denken, räumliches Vorstellungsvermögen, sprachliches Ausdrucksvermögen und Denkgeschwindigkeit gemessen. Die Intelligenztests sind anspruchsvolle Tests, die anschließend eindeutig richtige oder falsche Antworten als Ergebnis zeigen. Der Emotionale Quotient umfasst wiederum grundlegende emotionale und soziale Kompetenzen. Nach Salvoy und Mayer (1990) sind diese Kompetenzen z.B. Selbstwahrnehmung, Selbstregulierung, Motivation, Empathie und soziale Fähigkeiten. Die EQ-Tests sind einfache Tests, bei denen es oft keine eindeutig richtige oder falsche Antwort gibt.[5]

Gefühle und rationales Denken (die zwei Arten von Intelligenz IQ und EQ) äußern sich in der Aktivität unterschiedlicher Teile des Gehirns. Das, was wir als bewusstes Denken wahrnehmen, findet in der äußeren, jüngeren Region des Gehirns statt: Der Neokortex. Diese Region besteht im Wesentlichen aus dem „Telenzephalon" („Endhirn" oder „Großhirn"). Empfindungen wiederum entstehen in älteren Hirnregionen, überwiegend im limbischen Gehirn. Dieser Teil des Hirns wird auch als „Reptilienhirn" bezeichnet und liegt unterhalb des Neokortex. Dieser Teil hat Tiere schon über biologische Instinkte gesteuert. Gefühle wie z.B. Wut, Angst, Aggression oder Eifersucht können so gewaltig werden, dass sie den Verstand außer Kraft setzen. Die emotionale Intelligenz basiert auf dem Zusammenwirken der beiden genannten Hirnregionen. Ein wesentlicher darin eingebundene Hirnteil ist das „Cingulum" auch „Gürtel" genannt. Das Cingulum liegt schleifenförmig unterhalb des Neokortex und vermittelt zwischen rationalem Denken und Gefühlen. Über dieses Areal wird das Denken von Gefühlen beeinflusst. Umgekehrt können die Gedanken auch die Emotionen beeinflussen. Wenn die Balance stimmt, werden die Gefühle als ein wichtiger Bestandteil des Lebens wahrgenommen. Durch dieses Gleichgewicht der beiden Hirnteile, lassen sich die Menschen nicht nur von den Gefühlen leiten. So z.B. in einer Wutsituation in denen Personen der Wut und den Aggressionen am liebsten freien Lauf

---

[5] Vgl. Bosley, Kasten (2016), S. 44, 45

lassen würden. In diesen Situationen spielt das rationale Denken mit ein und beachtet die Folgen, die die Reaktion haben könnte. Das Stirnhirn (Frontalkortex) ist also jene Instanz, die ein angemessenes, rationales Verhalten organisiert, während der Mensch dem limbische System, ein in der Evolution entstandenes uraltes Hirnteil, und seinen Prinzipien unterworfen ist.[6]

Ein bekanntes Konzept der „Emotionalen Intelligenz" ist das Konzept von Salovey und Mayer. 1990 veröffentlichten Salovey und Mayer ihre erste ausformulierte Theorie zur emotionalen Intelligenz. Die Theorie umfasste drei konzeptuell verwandte mentale Prozesse:

- das Erkennen und der Ausdruck von Emotionen
- die Regulation (Kontrolle) von Emotionen
- die adaptive Nutzung der Emotionen

1997 veröffentlichten die beiden Autoren ein überarbeitetes Modell. In diesem Modell haben sie vier Bereiche der emotionalen Intelligenz definiert. Als ersten Bereich formulierten sie die „Wahrnehmung und den Ausdruck von Emotionen". Dieser Teil beinhaltet die Fähigkeiten, Emotionen in uns selbst und in anderen Menschen zu identifizieren und diese im Zusammenhang auszudrücken. Dazu formulierten sie auch die Fähigkeit, Emotionen in nonverbaler Kommunikation   zu   erkennen.

Als zweiten Bereich definierten Salovey und Mayer das „Denken mit Emotionen". Damit ist die Verwendung von Emotionen zur Unterstützung des Denkens gmeint. Das Denken mit Emotionen geschieht laut Salovey und Mayer, wenn Emotionen die Aufmerksamkeit auf wichtige Informationen lenken, wodurch verschiedene emotionale Zustände unterschiedliche Ansätze zur   Problemlösung   fördern.

Der dritte Bereich umfasst das „Verstehen und Analysieren von Emotionen". Dieser Bereich beschreibt die Fähigkeit, Emotionen zu benennen und zu deuten, wozu auch die Fähigkeit, komplexe Gefühle zu verstehen und Übergänge zwischen Emotionen zu erkennen, gehört. Hierbei wird   auch   das   Wissen   über   Emotionen   eingesetzt.

Der vierte und damit letzte Bereich ist die „Verwaltung und Regulierung von Emotionen". Zu diesem Bereich gehört die Fähigkeit, offen für angenehme und unangenehme Gefühle zu bleiben. Wichtig ist dabei zu erkennen, ob die Gefühle angemessen sind. Auch die Regulation von negativen Emotionen und die Verbesserung von positiven Emotionen spielt eine Rolle.[7]

Könnte   die   emotionale   Intelligenz   auch   ein   gesundheitsrelevanter   Faktor   sein?
Die emotionale Intelligenz basiert auf dem nicht immer perfekten Zusammenwirken von zwei

---

[6] Vgl. Bosley, Kasten (2016), S. 35
[7] Vgl. Bosley, Kasten (2016), S. 42, 43

5

Hirnregionen. Das Cingulum vermittelt zwischen rationalem Nachdenken und Gefühlen. Stimmt die Balance zwischen den beiden Hirnteilen, dann nehmen wir Gefühle als einen wichtigen Bestandteil unseres Lebens wahr und lassen uns davon leiten. Stimmt das Gleichgewicht nicht, dann lässt man sich entweder zu sehr von seinen Gefühlen beeinflussen und leiten, man negiert das „Bauchgefühl" ständig, oder aber man wird „Opfer" seiner Gefühle und entwickelt starke Ängste wie z.B. bei „Angst-Patienten".[8] Das heißt also, dass die „emotionale Intelligenz" unser Leben mitbestimmt. In gewissen Maßen bestimmt die emotionale Intelligenz die Teilhabe eines Menschen an der Gemeinschaft und damit auch die Zufriedenheit eines Menschen, was wiederum einen großen Einfluss auf die Gesundheit hat. Denn, ist ein Mensch „emotional intelligent" kann er sich in andere Menschen hineinversetzen, kann Gefühle deuten, Empathie zeigen usw. (siehe oben). Diese Fähigkeiten nehmen Einfluss auf die Partizipation eines Menschen. Besitzt ein Mensch diese Fähigkeiten, gestaltet sich das Miteinander mit anderen Menschen einfacher. Es kann sich in andere Menschen hineinversetzt und auf Gefühle angemessen reagiert werden. Auch in der Partnerschaft ist diese Fähigkeit existenziell. Die genannten Punkte lassen sich an einem Beispiel verdeutlichen: Bernd S. wusste schon früh, dass er ein berühmter Professor werden möchte. In der Schule galt er als hochintelligent, übersprang zwei Klassen und absolvierte mit 17 Jahren das Abitur mit einem Einser-Schnitt. Intellektuell gehörte er immer zu den Besten, trotzdem war er einsam, hatte keine Freunde und wurde in der Schule Opfer von Mobbing. Mit bereits 30 Jahren wurde er Professor. Von seinen Doktoranden erwartete er immer Unmögliches. Häufig kam es vor, dass Studenten weinend aus seinem Büro kamen. Wissenschaftlich waren seine Leistungen die er erbrachte hervorragend. Seine Institution gehörte im Forschungsbereich zu den führenden Einrichtungen, doch seine Mitarbeiter mieden ihn. Seine treibenden Motivationen waren Macht und Reichtum. Besonders auffällig war, dass er nicht in der Lage zu sein schien, Menschen richtig einzuordnen. Dies spiegelte sich bei seiner Personalauswahl wieder. Ein schüchterner Mitarbeiter wurde für die Telefonakquise eingesetzt, ein prahlender Mitarbeiter, ohne Qualifikationen bekam eine leitende Position. Letztlich waren die Mitarbeiter mit ihren Positionen nicht zufrieden, worauf er mit mehr Druck reagierte und zusätzliche Kontrolle ausübte.[9] Dieses Beispiel zeigt einen Menschen, den es an den oben beschriebenen Fähigkeiten die zu einer „emotionalen Intelligenz" gehören fehlt. Bernd S. ist einsam und alleine. Die Folge des fehlenden bzw. geringen EQ's. Dieses Beispiel zeigt, dass Intelligenz alleine nicht glücklich machen

---

[8] Vgl. Bosley, Kasten (2016), S. 35
[9] Vgl. Bosley, Kasten (2016), S. 34

kann, sondern ein Gleichgewicht zwischen IQ und EQ wichtig ist, um ein auf lange Zeit zufriedenes und ausgeglichenes Leben zu führen. Der Besitz einer ausgeprägten „emotionalen Intelligenz" bzw. das Gleichgewicht zwischen „emotionaler Intelligenz" und Intelligenz wirkt sich gesundheitsfördernd auf den Menschen aus.

Um Herausforderungen in der Umwelt zu bewältigen, Überlebenschancen zu erhöhen oder den Fortbestand der Art zu sichern beeinflussen Emotionen in der Natur geistige und körperliche Zustände. Schmerzen z.b. verursachen Angst und schützen davor, eine gefährliche Verhaltensweise zu wiederholen. Liebe versursacht warme und angenehme Empfindungen im ganzen Körper, was dazu führ, dass man das damit verbundene Verhalten zu wiederholen versucht. Jeder Emotion kann bestimmte körperliche Empfindungen zugeordnet werden, denn Gefühle bereiten in der Natur eine Handlung vor. Bei Aggressionen kann es zu einem Kampf kommen, bei Angst zur Flucht und bei Liebe zur geschlechtlichen Vereinigung. Im umgekehrten Sinne kann die Verortung von Emotionen helfen psychische Erkrankungen wie Depressionen oder Panikanfälle besser zu verstehen. Wissenschaftler sind der Meinung, dass Emotionen körperlichen Empfindungen zugeordnet sind. Diese Verortung der Emotionen kann helfen Störungen wie Depressionen oder Angst zu verstehen.[10]

Das Spüren von positiven Gefühlen und Emotionen wie Dankbarkeit oder Liebe hat positive Auswirkungen auf die Psyche und auf den Körper. Dies Belegen wissenschaftliche Untersuchen von Dacher Kelttner von der University of California in Berkeley. Die positiven Gefühle vermindern die biologischen Stressmarker im Körper und führen zu Fröhlichkeit und Entspannung. Das Spüren von negativen Emotionen wie Unruhe oder Erschöpfung können Auswirkungen auf unseren Gemütszustand und unseren Körper haben. Durch Ängste werden z.B. die Selbstheilungskräfte des Körpers abgeschaltet, was bedeutet, dass unser Immunsystem den Körper in Angstzuständen nicht vor der Ausbreitung von Krankheiten schützen kann. Negative Emotionen können eine biochemische Reaktionsfolge auslösen, die Blutdruck, Puls und Atemfrequenz steigert.[11] Diese Beispiele zeigen, dass die emotionale Intelligenz ein großer gesundheitsrelevanter Faktor ist und dass sich Emotionen auf die Gesundheit auswirken können.

---

[10] Vgl. Bosley, Kasten (2016), S. 26
[11] Vgl. Diplom-Psychologe, M.Sc. Hullin, U. (2018)

II.   Aufgabe 2

Mit einem Verweis auf Dunkel-Schetter et al. (1992) definieren Kienle et al. die soziale Unterstützung als *„Interaktion, in welcher der Unterstützungsempfänger Belastungen erlebt und der Unterstützungsgeber versucht, Unterstützung zu leisten."*[12]

Bei der genannten Unterstützung kann es sich um informationelle (Rat, Informationsweitergabe), instrumentelle (praktische und finanzielle Hilfe) oder emotionale Unterstützung (Trost, Zuspruch) handeln. Bei der sozialen Unterstützung lässt sich zwischen wahrgenommener und erhaltener sozialer Unterstützung unterscheiden (Ditzen und Heinrichs). Bei der wahrgenommenen Unterstützung handelt es sich um den Zustand bzw. die allgemeine Erwartung, in z.B. einem Notfall durch Zuwendung und Hilfeleistungen unterstützt zu werden.[13] Aus den Beziehungen zu anderen Personen, dem sozialen Netzwerk, schöpfen die Menschen wichtige Ressourcen für ihr Leben. Gemeint sind damit Unterstützungsleistungen, wie z.B. praktische Arbeitshilfen, materielle Unterstützung, Unterstützung in Form von Informationen und Beratung, Anerkennung und Zugehörigkeitsbewusstsein, Orientierung für adäquates Verhalten, Geborgenheit und Ermutigung in schwierigen Lebenssituationen. Nicht nur als Ressource ist das soziale Beziehungsgeflecht von großer Bedeutung, es erfüllt auch wichtige gesellschaftliche Funktionen. Denn über soziale Netzwerke wird z.B. Zugehörigkeit vermittelt und soziale Kontrolle ausgeübt. Somit entlasten die aus sozialen Netzwerke hervorgehenden Unterstützungen die öffentliche Hand, die ansonsten mit wohlfahrtsstaatlichen Leistungen einspringen müssten (Diewald, Lüdicke 2007).[14]

Soziale Unterstützung kann Auswirkungen auf die Gesundheit haben. Die WHO beschreibt in ihrer Definition, dass die Gesundheit bio-psycho-sozial gedacht wird. Nun bleibt also die Frage, was den sozialen Aspekt der Gesundheit umfasst. Das Ausmaß sozialer Unterstützung kann als ein Aspekt der sozialen Gesundheit betrachtet werden. Die soziale Unterstützung als eine Form der sozialen Gesundheit unterliegt vielfältigen Wechselwirkungen zu biologischen und psychologischen Aspekten von Gesundheit. Unterschiedliche Auswirkungen von sozialer Unterstützung werden in der Forschung auf biologische und psychologische Aspekte von Gesundheit diskutiert.

Nestmann (2010) beschreibt zwei Effekte: Durch den sogenannten Puffereffekt kann die soziale

---

[12] Liel, K. (2019), zit. nach Kienle et al. (2006), S. 141
[13] Vgl. Liel, K. (2019), S. 142
[14] Vgl. Moisl, D. (2019), S. 9

Unterstützung wie ein Polster zwischen Belastungen, kritischen Lebensereignissen, Stresser-lebnissen und Gesundheit wirken. Bei dem sogenannten Haupteffekt geht Nestmann davon aus, dass die soziale Unterstützung auch ohne Belastungen eine positive Wirkung auf den Menschen hat. Der Puffereffekt hat also eine stressmindernde Wirkung, während der Haupteffekt gesund-heitsfördernd wirkt. Erläutert wurde dieses von Nestmann anhand des bio-psycho-sozialen Er-klärungsmodells: Auf der biologischen Ebene wirken sich positiv erlebte Gemeinsamkeiten förderlich auf das Immunsystem aus. Über psychologische Effekte wirkt sich soziale Unterstüt-zung aus, indem sich z.b. sozialer Rückhalt positiv auf das Selbstbewusstsein auswirkt. Ge-sundheits- und Verhaltensweisen wiederum zeigen sich bei der sozialen Komponente durch die Vermittlung von Werten und Normen als sozial beeinflussbar.[15]

Ditzen und Heinrichs (2007) fanden heraus, dass soziale Unterstützung direkt auf körperliche Symptome wirkt. Am stärksten wirkt diese im Sinne des Puffereffektes unter Stressbedingun-gen. Es zeigte sich, dass soziale Unterstützung und Einbindung mit belohnungsrelevanten und angstreduzierenden Strukturen und Transmittersystemen, die Stress reduzieren, assoziiert wer-den können. Soziale Unterstützung wirkt somit stressreduzierend und erhöht die Ausschüttung von   Dopamin,   was   zu   einer   inneren   Zufriedenheit   führt.[16] Laut Hartung (2011) gilt Sozialkapital als Voraussetzung für soziale Unterstützung, da es die Anzahl und Reziprozität vertrauensvoller Kontakte beschreibt. Außerdem wirkt sich die soziale Unterstützung positiv auf die Gesundheit aus und beeinflusst die Höhe des Kohärenzgefühls, was sich wiederum auf die psychische und körperliche Gesundheit auswirkt. Hartung weist zudem auf eine sozialbedingte Ungleichheit hin, welche durch die unterschiedlichen je nach sozialer Schicht zur Verfügung stehenden Ressourcen entstanden ist und die Gesundheit nega-tiv beeinflusst.[17]

Die soziale Unterstützung gilt als ein zentrales Konstrukt im Kontext der Stressbewältigung und der Gesundheitspsychologie. Soziale Unterstützung kann einerseits als soziale Ressource (Hobfoll et al. 1990) oder aber auch als Persönlichkeitsmerkmal (Sarason et al. 1990) betrachtet werden. Somit hat die soziale Unterstützung Einfluss auf die kognitiven Bewertungsprozesse (Lazarus und Folkman 1984). Andererseits wird soziale Unterstützung selbst als facettenreiche Stressbewältigungsstrategie gefasst. Dieser Ansatz ist prototypisch für die Forschung zum Thema   soziale   Unterstützung.[18]

---

[15] Vgl. Liel, K. (2019), S. 142-143
[16] Vgl. Liel, K. (2019), S. 143
[17] Vgl. Liel, K. (2019), S. 143
[18] Vgl. Fuchs, Gerber (2018), S. 59

Sarason et al. (1990) betrachten das Konstrukt der sozialen Unterstützung als Persönlichkeitsmerkmal, das das grundlegende Vertrauen einer Person in die Akzeptanz und Fürsorge anderer umfasst.[19] 1992 beschrieben Sarason et al. die Kodierung der Wahrnehmungsprozesse des Unterstützungsempfängers, um die Prozesse zu entdecken, die verantwortlich dafür sind, dass einige Verhaltensweisen als unterstützend wahrgenommen werden, andere wiederum als solche nicht erkannt oder als unzureichend bewertet werden, als zukünftige Forschungsaufgabe.[20] Die Vertreter dieses Ansatzes betrachten die Erfassung der subjektiven Bewertung einer Person als Voraussetzung für empirisch valide und zuverlässige Aussage zum Unterstützungserleben. Insbesondere der wahrgenommenen emotionalen Unterstützung scheint dabei eine große Bedeutung zu bekommen.[21]

Kann eine stabile Partnerschaft bei der Bewältigung einer chronischen Krankheit helfen? Bodenmann (2000) betonte bereits die große Bedeutung des Partners als Quelle sozialer Unterstützung. In Situationen, in denen das Bedürfnis nach Unterstützung geweckt ist, zeigte sich der Partner als bevorzugte Quelle unterstützender Interaktionen (Beach, Martin, Blum & Roman, 1993; Burke & Weir, 1997; Marquardsen, 2012). Marquardsen (2012) bescheinigt dem Partner aufgrund der Vertrautheit, die sich in langjährigen Beziehungen einstellt, eine hohe Exklusivität in der Offenbarung intimer Details. Dehle, Larsen und Landers (2001) fanden heraus, dass Partner, die die soziale Unterstützung in einer Partnerschaft als angemessen bewerten, weniger Symptome einer Depression wahrnehmen und Belastungen als vorhersehbar und kontrollierbar einschätzen. Ein hohes Ausmaß an sozialer Unterstützung in der Partnerschaft wirkt sich positiv auf die Zufriedenheit mit der Beziehung aus und hat zudem positive Effekte auf das Wohlbefinden (Dehle et al., 2001; Julien & Markman, 1991; Burke & Weir, 1997).[22]

Unterschiede lassen sich zwischen den Geschlechtern erkennen. Männer wenden sich bei dem Bedürfnis nach Unterstützung primär an die Partnerin bzw. den Partner. Bei Frauen wiederum variieren die mobilisierten Unterstützungsquellen stärker (Antonucci & Akiyama, 1987; Berkman et al., 1993). Für Männer scheint die Offenbarung von Gefühlen die Verletzlichkeit symbolisieren und das Bedürfnis nach Unterstützung zeigen, eher unangemessen oder beschämend zu sein. Cutrona (1996) schließt daraus, dass Männer hilfesuchende Signale auf den Kontext ihrer privaten Beziehung beschränken und deshalb auf Unterstützungsprozesse stärker von der Partnerin abhängig sind. Eine Reihe von Studien zeigten eine Diskrepanz in dem Ausmaß und

---

[19] Vgl. Sarason et al. (1990), zit. nach Schröder, K. (1997), S. 331
[20] Vgl. Sarason et al. (1992), zit. nach Schröder, K. (1997), S. 332
[21] Vgl. Fydrich, T., Sommer, G. (2003), S. 80
[22] Vgl. Niemann, D. (2019), S. 97

der Ausgeglichenheit an sozialer Unterstützung innerhalb der Beziehungen. Cutrona zeigte anhand einer Studie, dass Männer mehr Unterstützung von der Partnerin erhalten, als Frauen von ihrem   Partner.[23]

In Stresssituationen unterscheiden sich die Menschen darin, welche Strategien sie im Umgang mit Stressoren anwenden und als wie effektiv sich diese Strategien zeigen. Stress lässt sich als „eine besondere Beziehung zwischen Person und Umwelt" definieren.[24] Eine Bewältigungsstrategie von Belastungen findet sich im sogenannten Coping-Konzept von Richard Lazarus. Lazarus und Folkman (1984) definieren Coping als den Prozess der Bewältigung von externen und internen Anforderungen, die von der Person als die eigenen Ressourcen beanspruchend oder übersteigend erlebt wird.[25] Ziel dieser Bewältigungsbemühungen ist es, emotionale Belastungen   abzubauen   und   das   Wohlbefinden   wiederherzustellen.[26] Laut Hofoll (1989) können die der Person zur Verfügung stehenden Ressourcen zu einem angemessenen Copingverhalten beitragen.[27] Zu diesen sozialen Ressourcen gehört das Konstrukt der sozialen Unterstützung, das sich als wirksame Coping-Strategie herausgestellt hat. Die Forschung zeigte, dass sozial integrierte Personen sich einer besseren körperlichen und psychischen Gesundheit erfreuen.[28] Ebenfalls als belegt gilt, dass die subjektiv wahrgenommene Unterstützung schädliche Auswirkungen von belastenden Lebensereignissen abfedern kann. Als bestes Maß der sozialen Unterstützung kristallisierte sich eine vertrauensvolle Partnerbeziehung   heraus.[29]

Es ist allerdings auch möglich, dass Stressoren, von denen zunächst nur ein Partner betroffen ist, durch Übertragungseffekte auf den anderen Partner einwirken können. Bodenmann (2000) geht davon aus, dass die Belastungen des einen Partners, wenn diese nicht bewältigt werden, zum Belastungsfaktor für den anderen Partner werden können. Bei bestimmten Ereignissen wie z.B. Arbeitsplatzverlust oder chronischen Arbeitsbelastungen mit weitreichenden Fehlbeanspruchungsfolgen oder Erkrankung eines der beiden Partner mag eine Betrachtung sozialer Unterstützungsprozesse in Partnerschaften im Rahmen des Coping-Modells durchaus empfehlenswert zu sein. Es wird allerdings nicht jeder Stressor des einen Partners automatisch als Übertragungseffekt auf den anderen Partner aufweisen, sodass die Anwendung des Konstrukts

---

[23] Vgl. Niemann, D. (2019), S. 97f.
[24] Vgl. Lazarus, R.S, Folkmann, S. (1984), S. 19
[25] Vgl. Lazarus, R.S., Folkman, S. (1984), S. 283
[26] Vgl. Faltermaier, T. (2005), S. 77
[27] Vgl. Hobfoll, S.E., (1989), S. 513
[28] Vgl. Faltermaier, T. (2005), S. 288
[29] Vgl. Schramm, E. (2006), S. 84; Faltmeier, T.: (2005), S. 106

der sozialen Unterstützung auch im Rahmen von Partnerschaftsbeziehungen durchaus angemessen erscheint.[30]

III. Aufgabe 3

In der Psychologie wird zwischen der Angst als Zustand und der Angst als Eigenschaft unterschieden. Während die „Zustandsangst" als vorübergehende Emotion als Folge einer realen
Gefahr verstanden wird, führt die Angst als Eigenschaft dazu, dass Situationen auch ohne akute
Bedrohungen als gefährlich eingeschätzt werden.[31] Die Ängstlichkeit wird als Beziehung zwischen der Zustandsangst und der Angst als Eigenschaft beschrieben. Angst lässt sich körperlich
nachweisen. Sie äußert sich unter anderem durch Pulsbeschleunigung, Erweiterung der Pupillen
und Händeringen. In Situationen in denen Angst empfunden wird, schütten die Nebennieren
die Hormone Adrenalin und Noradrenalin aus. Daraus resultiert ein schnellerer Herzschlag. Das
Blut bindet mehr Sauerstoff, wodurch der Körper in der Lage ist, sich zu verteidigen oder zu
fliehen. Angst ist damit auch eine mobilisierende Emotion, denn Menschen die sich vor einer
drohenden Gefahr ängstigen, sind in solchen Situationen zu Leistungen fähig, die ihnen unter
normalen Umständen nicht möglich gewesen wären und kann somit auch eine lebensrettende
Funktion haben. Die Angst überkommt den Menschen meist unfreiwillig und unkontrolliert.
Dennoch warnt die Angst davor unverantwortliche Risiken einzugehen und mobilisiert Kräfte
z.B. zur Abwehr oder Flucht.[32]

In der Emotionspsychologie werden zwei Bedingungen der Angst unterschieden: Einige Menschen bekommen Angst aus übergroßer Ängstlichkeit, andere Menschen wiederum verspüren
Angst in einem Moment tatsächlicher, akuter Bedrohung. Demnach ist eine ängstliche Person
eine Person, die leicht dazu tendiert, Angst zu haben und das auch in Situationen in denen ei-
gentlich   keine   Gefahr   besteht.[33]
Ängstlichkeit ist also die Eigenschaft eines Menschen häufiger und intensiver als andere Menschen Angst zu empfinden. Das Erleben von Angst, versetzt den Organismus in einen affektiven
Zustand, der durch motorisch-expressives Verhalten, subjektives Angsterleben und physiologi-
schen   Reaktionen   gekennzeichnet   ist.[34]

---

[30] Vgl. Niemann, D. (2019), S. 99f.
[31] Vgl. Althoetmar, K. (2019)
[32] Vgl. Althoetmar, K. (2019)
[33] Althoetmar, K. (2019)
[34] Vgl. Salewski, C., Renner, B. (2009), S. 134

In Spielbergers Trait-State-Modell wird Ängstlichkeit als Beziehung zwischen Angst als Zustand und Angst als Eigenschaft unter Berücksichtigung von situativen Einflüssen konzipiert. Die Zustandsangst lässt sich laut Spielberger als bewusst wahrnehmbaren Zustand beschrieben, der mit Anspannung, Nervosität, innerer Unruhe, Besorgtheit und erhöhter Aktivierung des autonomen Nervensystems einhergeht. Die Angst als Eigenschaft wird im Trait-State-Modell als relativ stabile Neigung einer Person, Situationen als bedrohlich zu bewerten, beschrieben. Nach diesem Modell ist eine Person hochängstlich, wenn sie sich in einer Situation befindet, die zu ihrer Angstdisposition passt und somit eine erhöhte Zustandsangst hervorruft. Im State-Trait-Angstinventar (STAI), einem Fragebogenverfahren zur Erfassung und Messung von Angst, werden mit zwei getrennten Skalen mit je 20 Items und einer vierstufigen Antwortskala Angst als Zustand und Angst als Eigenschaft erhoben. Im Trait-Angst-Teil wird abgefragt, wie die Probanden sich im Allgemeinen fühlen. Im State-Angst-Teil beschreiben die Probanden, wie sie sich im Moment fühlen. Die Items bestehen aus kurzen Selbstaussagen wie z.B. folgende Items aus dem Trait-Teil: „Mir fehlt es an Selbstvertrauen", „Ich mache mir Sorgen über mögliches Missgeschick.", „Ich werde nervös und unruhig, wenn ich an meine Angelegenheiten denke.". Hier lassen sich dann entweder „fast nie", „manchmal", „oft" oder „immer" ankreuzen. Die Trait-Angst-Skala misst also die Ängstlichkeit in Situationen, die den Selbstwert bedrohen. Hier geht es also um die Ängstlichkeit gegenüber psychischer Bedrohung, nicht physischer Bedrohung.[35]

In neueren Angsttheorien wird Ängstlichkeit als mehrdimensionales Konstrukt beschrieben. Die Endler Multidimensional Anxiety Scales (Endler et al. 1991) beinhalten z.B. vier Situationstypen, für die ängstliches Verhalten erfasst wird. Zu diesen Situationstypen gehören soziale Bewertungssituationen, Situationen, in denen physische Gefahr droht, mehrdeutige Situationen und   alltägliche   Situationen.[36] Menschen mit hoher und niedriger Ängstlichkeit unterscheiden sich dadurch, wie häufig sie Situationen als bedrohlich empfinden und bewerten. Dabei führt eine kognitive Interpretation der Situation als bedrohlich zum Erleben von Angst in Form eines emotionalen Zustands.[37] Inwieweit sich Ängstlichkeit negativ auswirkt, hängt von den zur Verfügung stehenden Formen der Angstbewältigung ab, die einem Menschen zur Verfügung stehen. Krohne (1996) betrachtet die Ängstlichkeit z.B. als einen spezifischen Bewältigungsstil. Er fasst die habituelle Tendenz zur Vigilanz und zur Vermeidung als zwei unabhängige Persönlichkeitsdimensionen auf. Durch

---

[35] Vgl. Laux, L. (2008), S. 220f.
[36] Vgl. Laux, L. (2008), S. 221
[37] Vgl. Dusek, J.B. (1980), S 87f.

die Kombination beider Dimensionen ist er zu einer Klassifikation von vier Angstbewältigungs-
stilen gelangt. Mit der Intoleranz gegenüber Unsicherheit erklärt er die Anwendung vigilanter
Strategien, während Krohne kognitiv vermeidende Strategien mit der Intoleranz gegenüber
emotionaler Erregung in Zusammenhang bringt. Hochängstliche sind sowohl dadurch gekennzeichnet, dass sie die in bedrohlichen Situationen ausgelöste Unsicherheit als auch die situati-
onsgebundene, emotionale Erregung nicht ertragen können. Deshalb wird auf vigilante und
kognitiv vermeidende Bewältigungsstrategien zurückgegriffen. Demnach sind Hochängstliche
Personen mit einem flukturierenden und damit ineffizienten Bewältigungsverhalten.[38]

In Abhängigkeit vom Ausmaß der Ängstlichkeit werden verschiedene Angststörungen unterschieden. Hinweise auf Angsterkrankungen sind z.B. das Auftreten von Angst in objektiv nicht
angstmachenden Situationen. Heftige Angstreaktionen können ein Hinweis auf eine Erkrankung sein. Zu den angstbezogenen Störungsbildern gehören auch sogenannte Zwangsstörungen. Sowohl die Diagnose als auch die Differenzialdiagnose sind eine wichtige Voraussetzung
bei der psychotherapeutischen Behandlung der Zwangsstörungen (Teusch und Finke 2008).
Unterschieden wird zwischen zwanghaften Persönlichkeiten und Zwangsstörungen. Patienten
mit einer zwanghaften Persönlichkeitsstörung zeigen übertrieben ordnungsliebendes und rigi-
des Verhalten. Im Kontakt sind sie wenig spontan. Unter ihrer Zwanghaftigkeit leiden sie nicht
primär, sondern unter den Reaktionen ihrer Umgang, für die der rigide Perfektionismus oft ein
Ärgernis ist.[39] Die Basis für eine zwanghafte Persönlichkeitsstörung bildet eine durchweg pes-
simistische Grundhaltung dem Leben gegenüber, woraus eine tief gehende Verunsicherung resultiert. Diese Verunsicherung versucht der zwanghafte Mensch dadurch zu kompensieren, dass
er sich ständig bemüht, hochgesteckten Normen, Idealen und Perfektionismus zu genügen.
Diese Bemühungen sind für die Leistung und Arbeit, die der zwanghafte Mensch erbringt, verantwortlich. Das gesamte Leben ist von dieser permanenten Anstrengung geprägt. Das Unter-
fangen der Betroffenen scheint ihnen nur dann erfolgversprechend, wenn ein möglichst großes
Maß an Kontrolle, nach außen wie nach innen, eingebaut werden kann. In Wirklichkeit kann
jedoch immer nur partiell Kontrolle erlangt werden, weshalb ein ständiger Grund zur Sorge
abgeleitet werden muss.[40] Menschen mit einer zwanghaften Persönlichkeitsstörung haben den
Eindruck, dass ihr Leben mühselig, sorgenvoll und qualvoll sein kann, machen aber nicht ihre
zwanghafte Art dafür verantwortlich. In ihrer zwanghaften Art sehen sie das, was es ihnen er-

---

[38] Vgl. Laux, L. (2008), S. 233
[39] Vgl. Teusch, L. (2018), S. 221
[40] Vgl. Hoffmann, N., Hofmann, B. (2010), S. 5

möglicht in ihrem Leben zu bestehen. Die Erkrankung verursacht also in der Regel keinen Leidensdruck. Wenn die Betroffenen sich unwohl fühlen, werden die Ursachen dafür meist außerhalb der eigenen Person gesucht. Sie sind der Auffassung, dass sich andere Personen nicht korrekt Verhalten und haben kein Verständnis für die guten Absichten anderer Menschen. Mitmenschen, die etwas anderes als das Abspulen der üblichen Demobänder der Betroffenen erfahren wollen, werden zurückgewiesen. Für die Betroffenen ist die Gesellschaft korrupt, oder die Welt einfach schlecht. Sie verfolgen immer dieselbe „Idealrolle", die erstarrt in die Zukunft projiziert wird.[41]

Bei einer Zwangsstörung gehen die Betroffenen im Gegensatz zur zwanghaften Persönlichkeitsstörung mit einem hohen Leidensdruck einher.[42] Gekennzeichnet sind Zwangsstörungen durch wiederkehrende Gedanken, Impulse oder Handlungen. Diese Zwänge erkennen die Betroffenen als sinnlos, oft auch als quälend und beängstigend. Sie versuchen, gegen sie anzugehen, meist jedoch ohne Erfolg.[43] Der Waschzwang, aggressive Zwangsgedanken und der Kontrollzwang gehören zu den häufigsten Zwangsstörungen. In der Regel sind die Betroffenen in der Lage, den Zwang für einige Stunden aufzuschieben. Durch dieses Aufschieben, kann der Zwang, der den Betroffenen meist peinlich ist, vor der Umgebung verborgen werden. Hat der Betroffenen aber die Möglichkeit seinem Zwang nachzugeben, sich dies jedoch verbietet, gerät er in einen quälenden Zustand von Unruhe, Angst oder Ekelgefühl.[44] Grundsätzlich lassen sich drei Arten von Zwangssymptomen unterscheiden: Zwangsgedanken, Zwangsimpulse und Zwangshandlungen. Bei der Mehrheit der Betroffenen treten im Rahmen der Zwangsstörung sowohl Zwangsgedanken als auch Zwangshandlungen auf. Zwangsgedanken beschrieben das zwanghafte Auftreten von Gedanken und Vorstellungen. Typische Inhalte sind z.B. die Furcht, sich zu beschmutzen oder ständig wiederkehrende Zweifel, ob bestimmte Dinge getan oder unterlassen wurden, so z.B. die Frage ob das Licht ausgestellt wurde. Häufig werden die Betroffenen von mehreren Zwangsgedanken geplagt. Zwangsimpulse sind sich zwanghaft aufdrängende, unwillkürliche Handlungsimpulse. Die Betroffenen leben mit der Angst, diese Handlungen tatsächlich auch auszuführen. In der Regel können sie dies aber vermeiden. Zwangsimpulse können sich auch gegen die eigene Person richten, indem sich die Betroffenen z.B. von dem Wunsch überfallen fühlen, von einer Brücke zu springen.

---

[41] Vgl. Hoffmann, N., Hofmann, B. (2010), S. 19 f.
[42] Vgl. Teusch, L. (2018), S. 221f.
[43] Vgl. Beise, U., Heimes, S., Schwarz, W. (2009), S. 327
[44] Vgl. Teusch, L. (2018), S. 222

Zwangshandlungen wiederum sind Handlungen, die zwanghaft gegen den Willen der Betroffenen ausgeführt werden und werden meist aufgrund von den Zwangsimpulsen oder Zwangsbefürchtungen ausgeführt. Wenn die Betroffenen versuchen, die Handlungen zu unterlassen, treten erhebliche psychische Anspannungen und Angst auf. Um die Ängste abzubauen, sehen die Betroffenen sich gezwungen, die Handlungen immer wieder auf die gleiche Weise zu wiederholen. Kontrollzwänge treten am häufigsten auf (z.B. das Ständige kontrollieren, ob die Haustür abgeschlossen wurde). Verschiedene Zwangshandlungen können sich zu einem Zwangsritual zusammenfügen, welches in bestimmter Form und Häufigkeit durchgeführt werden muss. Ca. zwei Drittel der Betroffenen zeigen sowohl Zwangsgedanken als auch Zwangshandlungen. Eine Zwangsstörung tritt außerdem häufig im Zusammenhang mit depressiven Störungen, Ängsten, Alkoholmissbrauch und Essstörungen auf.[45] Es wird davon ausgegangen, dass eine Beziehung zwischen Zwängen und Angst besteht. Die Entstehung einer Zwangsstörung wird als eine Form der Angstbewältigung angesehen. Besteht z.B. eine krankhafte Angst sich zu beschmutzen oder durch das Anfassen schmutziger Gegenstände eine Krankheit zu bekommen, wird diese Angst bewältigt, indem sich die Betroffenen die Hände waschen. Diese Handlung reduziert die Angst. Daraus folgt, dass die Handlung widerholt wird, weil dadurch vermieden werden kann, dass die Angst erneut auftritt. Auf diese Weise ersetzt die Zwangshandlung die Angst.[46]

Ein Unterschied zwischen der zwanghaften Persönlichkeitsstörung und den Zwangsstörungen zeigt sich in den Folgen der Zwänge. Menschen mit einer Zwangsstörung leiden unter ihren Zwängen. Menschen mit einer zwanghaften Persönlichkeitsstörung leiden nicht direkt unter ihren Zwängen, sondern eher unter den Reaktionen ihrer Umgebung, für die der Perfektionismus der Betroffenen oft ein Ärgernis ist. Menschen mit einer zwanghaften Persönlichkeitsstörung suchen die Fehler nicht in ihren Zwängen, sondern in den anderen Menschen, die nicht in ihr Weltbild passen. Menschen mit einer Zwangsstörung sind sich ihren Zwängen bewusst. Sie kennen die Problematik und versuchen diese Zwänge vor ihren Mitmenschen zu verstecken. Die Zwänge schränken die Betroffenen in ihrem Leben ein. Bei den Menschen mit einer zwanghaften Persönlichkeit laufen die Zwänge unbewusst ab. Sie leiden nicht unter ihren Zwängen und haben kein Verständnis, dafür, dass ihre Handlungen bereits zwanghaft sind. Bei den Betroffenen lässt sich ein zwanghafter Perfektionismus erkennen. Während die Betroffenen mit einer Zwangsstörung von ständigen Zwangsgedanken und

---

[45] Vgl. Beise, U., Heimes, S., Schwarz, W. (2009), S. 328
[46] Vgl. Beise, U., Heimes, S., Schwarz, W. (2009), S. 327

Zwangshandlungen beherrscht werden, steht bei den Menschen mit einer zwanghaften Persönlichkeitsstörung also das durchgängige Muster von Perfektionismus im Vordergrund. Sie sind
davon überzeugt, dass dieses Verhalten richtig ist, während die Menschen mit einer Zwangsstörung in den meisten Fällen erkennen, dass die Zwangshandlungen und Gedanken nicht der
Normalität   entsprechen.

Literaturverzeichnis

Bücher

Beise, U., Heimes, S., Schwarz, W. (2009*), Gesundheits- und Krankheitslehre, Das Lehrbuch für die Pflegeausbildung* (2. Auflage). Heidelberg: Springer Medizin Verlag

Bosley, I., Kasten, E. (2018), *Emotionale Intelligenz*, Berlin: Springer-Verlag GmbH Deutschland

Dusek, J.B. (1980), *The development test anxiety in children*. In I.G. Sarason (Ed.), Text anxiety: Theory, research and applications, Hillsdale, NL, Erlbaum

Faltermaier, T. (2005), *Gesundheitspsychologie. Grundriss der Psychologie* (Band 21), Stuttgart: Kohlhammer

Fuchs, R., Gerber, M. (2018), *Handbuch Stressregulation und Sport*, Berlin: Springer-Verlag GmbH Deutschland

Fydrich, T., Sommer, G. (1995), *Diagnostik sozialer Unterstützung*. In: Jerusalem, M., Weber, H., (2003) *Psychologische Gesundheitsförderung – Diagnostik und Prävention*

Hobfoll, S.E. (1989), *Conservation of resources. A new attempt at conceptualizing stress. American Psychologist, 44 (3)*

Hoffmann, N., Hofmann, B. (2010), Zwanghafte Persönlichkeitsstörungen und Zwangserkrankungen, Therapie und Selbsthilfe, Berlin Heidelberg: Springer-Verlag GmbH

Laux, L. (2008), *Persönlichkeitspsychologie. Grundriss der Psychologie Band 11* (2. Auflage). Kohlhammer

Lazarus, R.S., Folkman, S. (1984), *Coping and adaptation. In W.D. Gentry (Ed.), The handbook of behavioral medicine*, New York: Guilford

Liel, K., aus Borrmann, S., Fedke, C., Thiessen, B. (2019), *Soziale Kohäsion und gesellschaftliche Wandlungsprozesse, Herausforderungen für die Profession Soziale Arbeit*, Wiesbaden: Springer

Moisl, D., aus Borrmann, S., Fedke, C., Thiessen, B. (2019), *Soziale Kohäsion und gesellschaftliche Wandlungsprozesse, Herausforderungen für die Profession Soziale Arbeit*, Wiesbaden: Springer

Niemann, D. (2019), *Die Rolle des Partners und der Partnerin bei der Bewältigung arbeitsbedingter Belastungen. Der interaktive Prozess der sozialen Unterstützung in Paarbeziehungen*, Wiesbaden: Springer Fachmedien

Salewski, C., Renner, B. (2009), *Differentielle und Persönlichkeitspsychologie*, München: Max-Reinhardt Verlag

Schramm, E. (Hrsg.) (2006), *Persönlichkeit, Ressourcen und Bewältigung*, In Schwarzer, R (Hrsg.) *Gesundheitspsychologie*, Göttingen: Hogrefe

Schröder, K., (1997), *Persönlichkeit, Ressourcen und Bewältigung*, In Schwarzer, R. (1997), *Gesundheitspsychologie*, Göttingen: Hogrefe

Teusch, L., aus Stumm, G., Keil, W.W. (2018), *Praxis der personenzentrierten Psychotherapie* (2. Auflage). Springer-Verlag GmbH

Internetquellen

Planet Wissen, Kai Althoetmar (2019), *Angst,* abgerufen am 24.01.2020, verfügbar unter: https://www.planet-wissen.de/gesellschaft/psychologie/angst/index.html#Philosophie

Diplom-Psychologe, M.Sc. Ubald Hullin (2018), *negative Emotionen belasten körperliche Gesundheit,* abgerufen am 05.05.2020, verfügbar unter: https://ubaldhullin.de/negative-emotionen-koerperliche-gesundheit/

BEI GRIN MACHT SICH IHR WISSEN BEZAHLT

- Wir veröffentlichen Ihre Hausarbeit,
  Bachelor- und Masterarbeit

- Ihr eigenes eBook und Buch -
  weltweit in allen wichtigen Shops

- Verdienen Sie an jedem Verkauf

Jetzt bei www.GRIN.com hochladen
und kostenlos publizieren